VENTE

HOTEL DROUOT, SALLE N° 7

Le Lundi 29 Décembre 1902

A 2 HEURES I/2

TABLEAUX ANCIENS

et Modernes

ESTAMPES, DESSINS, GOUACHES

Mᵉ THOUROUDE

COMMISSAIRE-PRISEUR

32, Rue Le Peletier, 32

M. CH. BELVAL

EXPERT

6, Rue Saint-Georges, 6

PARIS. — IMPRIMERIE ARTISTIQUE MÉNARD ET CHAUFOUR

C. CHAUFOUR, Successeur

8-10, Rue Milton, 8-10

CATALOGUE

DE

Tableaux Anciens

ET MODERNES

Gouaches — Dessins — Estampes

PAR ET D'APRÈS

BERGHEM, BREUGHEL, BRIL, GUILLEMANS, RIGAUD, HŒMSKERKE
ROSE DE TIVOLI, MOLENÆR, PŒLEMBURG
SNAYERS, WOUVERMANS, MOMMERS, VAN HELMONT
LOUTHERBOURG, TENIERS, JORDÆNS, TIEPOLO, MOREELS
REMBRANDT, NETSCHER, WATTEAU
LEPICIÉ, GREUZE, SWEBACH, COUTURE, COROT, DIAZ, DAMOYE
GILBERT, FEYEN-PERRIN, LHERMITTE
TROUILLEBERT, PUVIS DE CHAVANNES, J. NOEL
M. LABRANNE, etc.

VENTE HOTEL DROUOT, SALLE 7

Le Lundi 29 Décembre 1902, à 2 h. 1/2

| **Me THOUROUDE** | **M. Ch. BELVAL** |

<table>
<tr><td>Me THOUROUDE
COMMISSAIRE-PRISEUR
32, rue Le Peletier, 32</td><td>M. Ch. BELVAL
EXPERT
6, rue St-Georges (Tél. 312-08)</td></tr>
</table>

EXPOSITION PUBLIQUE le Dimanche 28 Décembre 1902

DE 1 H. 1/2 A 5 H. 1/2

CONDITIONS DE LA VENTE

Elle sera faite au comptant.

Les acquéreurs paieront *dix pour cent*, en sus du prix d'adjudication.

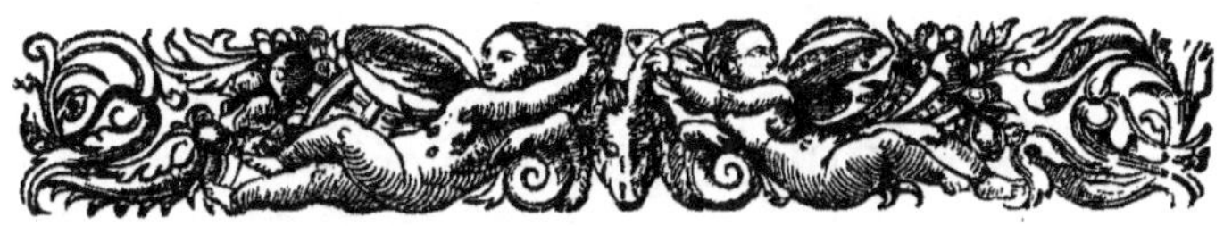

DÉSIGNATION

TABLEAUX

HOEMSKERKE (Ecole flamande de A.)

1 - *La Partie de musique.*

WIEFF (Th.)

2 — *Scènes d'intérieur flamand.*

VALENTIN (Attribué à S.)

3 — *Le Joueur de cornemuse.*

GUILLEMANS (J.)

4 — *La Fuite en Egypte.*

BERGHEM (Attribué à)

5 — *Paysage.*

BREUGHEL (de velours)

6 — *La Vierge et l'Enfant-Jésus.*

ROSE DE TIVOLI

7 — *Moutons.*

BRILL (F.)

8 — *Fleurs fruits et cobayes.*

9 — *Paysage animé.*

POELEMBURG (N.)

10 — *Baigneuses.*

ÉCOLE ITALIENNE XVIIe SIÈCLE

11 — *La Vierge et l'Enfant-Jésus.*

VERBEEKOVEN

12 — *Moutons.*

MOLENAER (J.)

13 — *Le Fumeur flamand.*

SNAYERS (Ecole de P.)

14 — *Combat de coqs.*

ÉCOLE FLAMANDE

15 — *La Chasse au sanglier.*

WOUVERMANS

16 — *Cavaliers flamands.*

ECOLE ESPAGNOLE XVIIe SIÈCLE

17 — *Tête de moine.*

GIORGIONE (Ecole du)

18 — *La Flagellation du Christ.*

ÉCOLE D'ITALIE (XVIIe SIÈCLE)

19 — *Paysage animé.*

20 — *Les Saintes Femmes au Calvaire.* (**Cuivre.**)

MOMMERS

21 — *Paysage flamand.*

ÉCOLE FLAMANDE

22 — *Le Marchand de poissons.* (Sur bois.)

VAN HELMONT

23 — *Intérieur flamand.* (Cadre bois sculpté.)

LOUTHERBOURG

24 — *Chevaux en liberté.*

ÉCOLE FRANCO-FLAMANDE (XVIIe SIÈCLE)

25 — *Le Paralytique.*

ÉCOLE DE BRUGES

26 — *L'Annonciation aux bergers.*

ÉCOLE FRANÇAISE (XVIIe SIÈCLE)

27 — *La Cène.*

JORDAENS (Attribué à)

28 — *Portrait de Rubens.*

HOBBEMA (Ecole de)

29 — *Paysage hollandais.*

TIEPOLO (Attribué à)

30 — *Etude pour un sujet allégorique.*

ÉCOLE FRANÇAISE (XVIIe SIÈCLE)

31 — *Satnt Gérome.* (Cadre bois sculpté.)

MOREELS

32 — *Portrait de gentilhomme.*

33 — *Portrait d'une femme de qualité.*

ÉCOLE D'ITALIE

34 — *Le Christ, saint Jean et la Vierge.*

REMBRANDT (Ecole de)

35 — *Portrait de jeune homme.*

TENIERS (D.)

36 — *Intérieur flamand.*

ECOLE FRANÇAISE (Primitifs)

37 — *L'Adoration des Mages.*

38 — *Portrait d'un prélat.*

39 — *Descente de croix.*

NETSCHER (Constantin)

40 — *Portrait du prince d'Orange.*

ECOLE FRANÇAISE XVIIIᵉ SIÈCLE

41 — *Portrait de femme* au pastel par Deiray.

42 — *Portrait de jeune femme,* médaillon ovale (pastel).

43 — *Portrait de jeune femme,* médaillon ovale (pastel).

44 — *Portrait d'homme en habit bleu* (pastel).

LEPICIÉ

45 — *Le Repos*, avec la gravure d'après le tableau.

WATTEAU (Ecole de)

46 — *Deux tableaux de genre.*

GREUZE

47 — *Portrait de jeune fille.*

BRIANDET et SWEBACH

48 — *Paysage avec figures.*

COUTURE (Th.)

49 — *Esquisse pour l'Orgie romaine.*

FEYEN PERRIN

50 — *Marine.*

ECOLE ANGLAISE 1830

51 — *Portrait de femme.*

DIAZ (Attribué à N.)

52 — *Petit panneau de fleurs.*

MOREL FATIO

53 — *Effet de nuit* (gouache).

WYLD

54 — Aquarelle.

NOEL (Jules)

55-56 — *Deux Marines* (crayon).

LARIN (E.)

57 — Aquarelle.

GERICAULT

58 — *Tête de cheval.*

GILBERT

59 — *Marine.*

DAMOYE

60 — *Paysage.*

ROSIER (A.)

61 — *Marine.*

SAINTIN

62 — *Paysage.*

TROYON (C.)

63 — Dessin ou crayon.

COLIN

64 — *La Basse-Cour.*

65 — *Fleurs.*

BENASSIT

66 — *Paysage.*

LALANNE (Maxime)

67 — *Vieilles Rues à Rouen* (crayon noir).

68 — *Falaise à Yport* (crayon noir).

LHERMITTE (L.)

69 — *La Conférence* (dessin au crayon noir).

HERMANN (Léon)

70 — *Mendiant Napolitain* 1846 (cadre bois sculpté).

LOPISICH

71 — *Bord de la Seine.*

TROUILLEBERT

72 — *Etude de femme nue.*

73 — *Les Peupliers.*

SISLEY (Attribué à)

74 — *Paysage.*

ÉCOLE ANGLAISE

75 — *Portrait d'un lord.*

76 — *Portrait de jeune fille.*

BONNGHTON (R. P.) (Attribué à)

77 — *Paysage.*

COROT

78 — *Paysage aux environs d'Amiens.*

LEROY

79 — *Chien et chat.*

80 — Tableaux omis.

ESTAMPES. GOUACHES
DESSINS

81 — *Portrait d'homme* époque Louis XIV.
d'après MIGNARD.

82 — *Portrait* de Carl Van-Loo d'après lui-même belle épreuve à la manière sanguine gravée par Demarteau.

83 — *Rubens* et sa famille. Très belle épreuve gravée à la manière noire par Watsorn d'après Jordaens.

84 — *Portrait* du conseiller d'Etat Samuel Bernard gravée par Drevet d'après Rigaud.

85 — *L'oiseau mort*, gravé par Flipart d'après Greuze.

86 — *Le salon* en 1787 gravé à la pointe sèche.

87-88 — *Deux gouaches* formant pendant — sur velin — scènes de l'époque du xviiie siècle dans les jardins de Versailles. Ecole de Moreau le jeune, (gouaches anciennes).

89 — *Galant entretien* (gouache sur velin.) Epoque xviiie siècle (cadre bois sculpté).

ÉCOLE ITALIENNE XVIIIe SIÈCLE

90 — *Le Cortège de Bacchus.* (Dessin au lavis).

MORLAND (E.)

91 — *Chevaux sous bois.* (Dessin au crayon noir et rouge).

ZUCARELLI

92 — *Ruines dans la campagne Romaine.* (Dessin rehaussé).

TINTORET (École de)

93 — *Les Martyrs.* (Dessin rehaussé au bleu).

HUET (École de J.-B.)

94 — *Moutons.*

MALLET

95 — *Portrait de Mlle Raucourt.* (Sépia).

ÉCOLE ITALIENNE XVIIIe SIÈCLE

96 — *Bacchant et Bacchante.*

97 — *Deux études à la sanguine d'après des statues romaines.*

ÉCOLE FRANÇAISE XVIIIe SIÈCLE

98 — *Femme.* (A la sanguine).

99 — *Les Captifs.* (Dessin rehaussé).

100 — *Etude académique.* (A la sanguine).

ROSA (S.)

101 — Croquis à la plume sur papier teinté.

ÉCOLE FRANÇAISE XVIIIe SIÈCLE

102 — *Croquis et Etudes* au crayon noir rehaussé au blanc.

PRUD'HOMME

103 — *Paysage* à la plume.

TROY (F. DE)

104 — Composition de plusieurs personnages au crayon noir sur papier bleu.

ECOLE LOMBARDE

105 — *Le Christ devant Pilate.*

ÉCOLE FRANÇAISE XVIIIe SIÈCLE

106 — *Portrait de Proudhon et de Mlle C. Mayer.* (Dessin à la sanguine).

107 — *Etude pour un gladiateur.* (Sanguine).

BOUCHARDON (E.)

108 — *La Fête des bergers.* (Sanguine).

VIEN (J.)

109 — *Etude de nu.* (Sanguine).

GAMELIN

110 — *Choc de cavaliers.* (Sépia).

COYPEL

111 — *Les Saintes Femmes.* (Sanguine).

CARRAVAGIO

112 — Esquisse pour un bas-relief. (Sépia rehaussé de blanc).

ECOLE FRANÇAISE XVIIIe SIÈCLE

113 — *Etudes de figures nues* (dessins à la plume)

114 — *Saint-Gérome* (dessin à la sanguine).

115 — *La Chute d'Icare* (à la sépia).

116 — *Deux Femmes accoudées* (croquis à la plume).

117 — *Saint en prière* (plume et sépia).

118 — Sujet allégorique (dessin à la plume).

DIETRICH

119 — Dessin en noir (cadre bois sculpté).

PUVIS DE CHAVANNES

120 — Dessin au crayon noir (croquis pour la dé-
coration du Panthéon).

121 — Dessins omis.

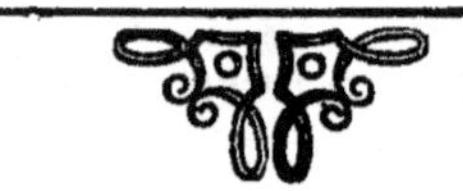